HISTOIRE

De la Ville et du Canton

D'USERCHE

SUIVIE

DE DOCUMENTS, EN PARTIE INÉDITS, TOUCHANT LE DÉPARTEMENT
DE LA CORRÈZE

PAR M. COMBET

Avocat, Membre de Sociétés savantes, Correspondant du Ministère de l'Instruction
publique pour les Travaux historiques, Officier de l'Instruction publique

---

QUATRIÈME PARTIE

TOPOGRAPHIE DU CANTON

Recherches et Notes pour la rédaction d'un Dictionnaire
géographique et d'un Répertoire archéologique du Département
de la Corrèze

Utcumque erit, juvabit tamen rerum gestarum
memoriæ... pro virili parte parte et ipsum con-
suluisse; et, si in tantâ scriptorum turbâ mea
fama in obscuro sit, nobilitate ac magnitudine
corum, meo qui nomini officient, me consoler.

T. Livii, patavini, Historiarum præfatio.

Quoiqu'il arrive, je serai toujours heureux
d'avoir contribué pour ma part virile, à la con-
servation des annales de ma patrie; et, si mon
nom se perd dans la grande foule des écrivains,
le mérite et la gloire de mes rivaux me console-
ront au lieu de m'affliger.

Éditeurs Mᵐᵉ Vᵉ Bouillaguet et M. Leymarie, libraires à Tulle

---

TULLE

IMPRIMERIE CRAUFFON ADMINISTRATIVE ET COMMERCIALE

1876

L'aire du *siège royal* fait aujourd'hui partie de la place publique. Le nouvel hôtel de ville, non encore achevé (1875), remplace l'église paroissiale Saint-Nicolas. — Cette église dut être bâtie avec les débris d'édifice plus anciens, puisque, dans *l'intérieur* des murailles démolies, se sont trouvés des fragments d'inscription latine, gravés sur de la pierre calcaire et employés comme blocage, ainsi qu'une petite tête humaine en pierre de même espèce, artistement sculptée et qui probablement fut une partie de statuette brisée.

Dans les fondements de ces édifices et dans les terrains contigus, chaque coup de pioche exhumait, pour ainsi dire, un ossement humain. En certains endroits, les morts étaient placés les uns au-dessus des autres, par couches distantes de plusieurs décimètres. Aux creux les plus profonds, on remarquait des cercueils à forme humaine, taillés dans le tuf, la place de la tête diversement orientée. — Si je suis bien informé, l'on n'a trouvé dans tous ces décombres que deux ou trois grands cercueils en pierre, dont un brisé vers le milieu (1).

Mais la trouvaille la plus curieuse et plus remarquée aussi que des centaines de vieilles monnaies ou médailles et autres objets ramassés dans les déblais, fut celle d'un puits taillé dans le tuf ou dans le roc, avec de petites ouvertures ou de petits enfoncements de quinze à vingt centimètres carrés, creusés l'un vis-à-vis de l'autre, à 28 ou 33 centimètres de distance verticale, comme pour servir d'escalier. Le diamètre de ce puits à son ouverture était d'environ 1ᵐ,30ᶜ à 1ᵐ,40ᶜ. Sa profondeur, reconnue le 19 mai 1875, était de 7 à 8 mètres au-dessous du niveau de la halle, lequel est lui-même inférieur de 5 ou 6 mètres au niveau de la place de la Lunade : le diamètre du fond, à peu près égal à celui du sommet. — On a trouvé dans cette excavation : des ossements humains, des dents et ossements d'animaux en grand nombre, des bois ou cornes de cerf, du verre, des tuiles ou morceaux de tuiles à rebords, des tuyaux ou fragments de tuyaux ronds en terre cuite d'un diamètre de 10 à 15 centimètres, le tout mêlé dans du tuf et de la terre, noire au fond et mouillée en forme de mortier.

L'église dont parle l'évêque Rorice, aujourd'hui paroissiale, sous le patronage de saint Pierre, agrandie et restaurée à plusieurs époques

---

(1) Voir ci-dessus, p. 28, à la note.

depuis le sixième siècle jusqu'à nos jours (1), est séparée des bâtiments de l'ancien monastère par la rue de l'Abbaye, la cour de l'école chrétienne et le jardin du presbytère. L'ensemble de ces vieux édifices, souvent reconstruits ou réparés, leur situation au-dessus d'un amphithéâtre de jardins, de rochers et de terrasses descendant jusques aux lieux dits *la Grand' Route, la Rampe, la rue de la Justice* et *la rue Sauvageat,* sont dignes d'attention.

Outre les fondements des murs, quatre points me semblent spécialement remarquables en ces lieux :

C'est d'abord le fond ou la cave du bâtiment à l'entrée et au coin de la rue de l'Abbaye; cave ou espace compris entre des murailles fortement cimentées, de plus d'un mètre d'épaisseur. Là, se trouvent, sauf meilleur avis, les fondements, solidement établis sur le roc, de la tour *hexagone* dite *militante* (2).

Plus loin, un dôme couvert en tuiles plates; au premier étage, un oratoire; au rez-de-chaussée, une voûte ogivale avec arcs-doubleaux, ancienne chapelle jadis dédiée à saint Michel (3).

Dans les jardins, un reste de tour ronde. Débris de dix-huit tours de Pépin? (4).

Enfin, près du presbytère, les abords de la porte Mousty. — Dans la muraille, reste de cette porte à l'ouest, sculpture sur pierre représentant l'un des deux taureaux inscrits au blason de la ville (5). — De l'autre côté de la rue, dans la muraille correspondante, se voyait encore récemment à la même hauteur une sculpture semblable, que les dernières démolitions ont fait disparaître.

Là, s'ouvre le chemin de *Leyrédie* à la rivière : sous ce chemin, un autre chemin souterrain, creusé dans le roc, suit la même direction, part d'une cave voisine, passe au-dessous et au travers de la rue et remonte même, dit-on, jusques à la place de la Lunade.

D'après la tradition populaire, ce serait par ce chemin souterrain que

---

(1) Voir ci-dessus, p. 105.
(2) Voir ci-dessus, p. 6.
(3) Voir ci-dessus, p. 108.
(4) Voir ci-dessus, p. 6.
(5) Voir ci-dessus, p. 114.

les assiégés auraient fait sortir de la place le taureau qui fut cause de la retraite des Sarrasins (1).

Autre souvenir guerrier des vieux temps : tout récemment, la maison contiguë à ce chemin était une hôtellerie ayant pour enseigne : *A la Tête-Noire*, en mémoire d'un corps de garde établi là contre les redoutables bandes du capitaine anglais Geoffroy, dit *tête noire* (2).

En face de l'hôtel de ville, l'hôtellerie actuelle des *Trois-Marchands* était, avant 1792, l'hôtel des *Trois-Rois*, Henri-le-Jeune, dit *au court mantel*, le duc de Bourgogne et le comte de Toulouse (3).

Les dernières réparations faites à la *Porte-Bessarie* datent du règne de Charles VI (4). La pierre, en forme de niche, destinée à recevoir une statue de la sainte Vierge, fut probablement placée au-dessus de cette porte vers le temps où le roi Louis XI visita le Limousin (5).

L'ancienne église paroissiale Notre-Dame est maintenant une propriété particulière. Au nombre des objets curieux recueillis dans ses ruines, fut une pièce de monnaie en bronze, bien conservée, à l'effigie de l'empereur Néron. — Je n'ai rien découvert quant à la date de l'origine de ce monument et de son érection en paroisse, qui peut-être remplaça celle de *Sainte-Marie d'Espartignac* (6). — Auparavant, c'était, dit-on, un oratoire dépendant du monastère.

Près de l'ancienne porte du *Pont*, on démolit en 1840, pour agrandir les bâtiments de l'hôpital, la chapelle et le petit clocher qui dataient, dit-on, du xive siècle. La nouvelle chapelle, dédiée à saint Joseph, est achevée depuis quelques années seulement. La libérale piété d'un religieux nommé de Saint-Joseph de Gourdon de Genouillac, parent probablement des évèques de Tulle, fit reconstruire ou réparer au xvie siècle, dit-on, le corps de logis actuel, alors nommé l'*Hôtel-Dieu* (7).

Quelques restes de tours rondes et de terrasses soutenant des jar-

---

(1) Voir ci-dessus, p. 9.

(2) Voir ci-dessus, p. 116.

(3) Voir ci-dessus, p. 87 et 88.

(4) Voir ci-dessus, p. 117.

(5) Voir ci-dessus, p. 122.

(6) Voir ci-dessus, p. 332, 333.

(7) Voir ci-dessus, p. 270, 271, 280.

dins sont à remarquer à partir de cet endroit jusques à l'écluse démolie en partie dite *aux Laux*.

La grand' route de Paris à Toulouse, rectifiée par Turgot, fut ouverte vers 1745 sur le flanc oriental de la montagne. A cette occasion furent démolies quelques restes de tours rondes, ainsi que la porte du *Pont* et la porte *Baffar* (1). — Un pont à trois arches, dit alors *Pont neuf*, franchit la Vézère à peu de distance en amont de l'ancien pont à sept arches. — Le pont à une seule arche, en aval et près de là, fut inauguré le 1er mai 1855, en même temps que le tunnel. Ces grands travaux avaient commencé vers 1846.

Avant de terminer cette promenade autour de nos anciens remparts, je crois devoir signaler à l'attention des antiquaires les tours de Vincent Clédat ou de Clédat, la maison de Jean Bonnet ou de Bonnet, celle de Clary de Saint-Angel, où se trouvent encore (1874) plusieurs arceaux qui me semblent avoir fait jadis partie des bâtiments du monastère, la maison de l'abbé de Laforestie, celle de Teyssier, enfin la maison du vaillant et grand roi *qui fut de ses sujets le vainqueur et le père* et le dernier des vicomtes de Limoges, édifice semblable, dit-on, au château de Pau, par ses trois tours, ronde, carrée, octogone, signes extérieurs de la basse, moyenne et haute justice. C'est là que fut reçu le fils et successeur du Béarnais, le roi Louis XIII, avec les honneurs dus à la majesté royale, au représentant des anciens propriétaires, avec les sentiments de gratitude mérités par le souverain *bon justicier*. Le maître de la maison se nommait alors Jacques de Chavaille, sieur de Faugeras et du Pouget (2).

III

LES FAUBOURGS.

Les antiquités et les monuments dont il vient d'être question étaient enfermés dans une triple ou double ceinture de murailles, hors des-

---

(1) Voir ci-dessus, p. 278.
(2) Voir ci-dessus, p. 237, 269 et 270.

quelles s'étendaient deux faubourgs, celui de *Sainte-Eulalie* au nord, delui de *la Pomme* au midi.

Le premier, nommé *Saint-Aulaire* dans plusieurs anciens documents, a pris le nom d'une petite église, *ecclesiola,* jadis dépendante du monastère d'Userche et consacrée à l'honneur de la bienheureuse vierge et martyre *Eulalie* (1).

La petite église du x° siècle, restaurée ou reconstruite vers le xiii° ou le xiv° probablement, est actuellement église paroissiale sous la protection de la même patronne. C'est un édifice en croix latine, orienté de l'est à l'ouest, la sacristie derrière le maitre autel. Le portail, où se reconnaît le style ogival, est surmonté d'un clocher composé de trois piliers soutenant le toit formant un angle aigu. La longueur du chœur est de 5 à 6 mètres, sa largeur de 5ᵐ,30ᶜ à 5ᵐ,40ᶜ. La longueur du transept depuis la chapelle de la sainte Vierge, à droite en entrant, jusques à celle du saint Joseph, à gauche, est de 11 à 12 mètres. La longueur de la nef à partir de la clôture du chœur et de 15 à 16 mètres, et sa largeur de 6 mètres. — Au fond s'élève une tribune. — La largeur de la façade à la porte d'entrée est d'environ 9 mètres.

Au rétable du maitre autel, un tableau, donné, dit-on, par M. Nayne ou de Nayne, curé de la paroisse depuis 1692 jusques en 1720, représente le martyre de la patronne de l'église. A droite et à gauche de ce tableau, s'ouvrent deux niches dans lesquelles sont placées les statues de saint Gilles et de saint Roch ? saint Michel ou saint Jean ?

Le chœur est orné de trois autres tableaux · l'un représente l'assomption, l'autre la fuite en Egypte et le troisième la sainte Vierge tenant l'enfant Jésus dans ses bras.

Une statue de la sainte Vierge et celle de saint Joseph, dans les

---

(1) Voir ci-dessus, p. 15. — D'après le martyrologe romain de 1772, l'église honore comme martyres deux vierges nommées *Eulalie* : l'une, torturée, brûlée, crucifiée, *flammas perpessa, cruci affixa,* le 12 février, sous le règne de Dioclétien, à Barcelone, en Espagne; — l'autre torturée aussi quoique âgée à peine de douze ans, *in equileo suspensa et exongulata, faculis ardentibus ex utroque latere appositis, hausto igne, spiritum reddidit,* le 10 décembre vers l'an 309, sous le règne de Maximin, à Mérida, ville de Portugal. — D'après le tableau du rétable du maitre autel et le jour de la fête patronale, c'est à cette dernière martyre que l'église doit être dédiée. — *Eulalie,* en grec *ev logos,* signifie *qu parle bien.*

deux chapelles latérales, un chemin de la croix, enfin une statue de Notre-Dame de Lourdes, au-dessus des fonts baptismaux, complètent les ornements intérieurs de l'église, qui reçoit le jour par sept ouvertures ou fenêtres dont les vitraux, de diverses couleurs, représentent des saints.

En face et à quelques mètres de distance de la porte d'entrée, sous un tilleul (1), à la place d'une ancienne croix de bois, s'élève maintenant une croix en bronze au sommet d'une pyramide en granit. Sur le piédestal on lit :

Don
de M.
De Tayac
1873.

L'aire de cette église fut, à ce que je crois et comme je le dirai bientôt, occupée par un camp romain (2).

Outre les maisons voisines et quelques autres sur le bord des chemins vicinaux d'Eyburie et de Condat, le faubourg Sainte-Eulalie se compose de deux rues, qui n'en font qu'une seule avant d'arriver sur le haut de la côte. Ces deux rues sont les anciennes grand' routes de Paris à Toulouse. Une partie de la plus ancienne forme la rue de *Latenlade*, vers le fond de laquelle s'élève une croix en granit qui marque l'une des limites des deux paroisses Saint-Pierre et Sainte-Eulalie. Là commence le chemin de *Laslezas* et le *Bari*, quartier du pont. Sous le pavé de la rue qui confine à la Vezère existe encore une des sept arches de l'ancien pont : dans un mur voisin se retrouve quelque trace de la chapelle des *Saints-Jacquiers*, pèlerins de saint Jacques, chapelle visitée en 1727 et qui dut être démolie un ou deux ans après par ordonnance de l'évêque de Limoges (3).

---

(1) Ne serait-ce pas un de ceux nommés *Rosny*, qui furent plantés par ordre de Sully, lors de la naissance du roi Louis XIII, le 27 septembre 1601 ?

(2) Voir ci après : *Chatelot*.

(3) Inventaire sommaire des archives départementales antérieures à 1790, rédigé par M. O. Lacombe, archiviste. Corrèze. 1869. t. I*ᵉʳ*, série B, p. 29.

Le faubourg du sud ou de *la Pomme* est ainsi désigné, dit Larouverade (1), non pas en souvenir du *Pomocrium* romain — terrains contigus aux murs des villes — mais à cause de la représentation d'une *pomme* sur l'enseigne d'un industriel. D'après une autre tradition, l'enseigne dont s'agit portait, au lieu d'une pomme, l'*image* d'un *lion d'or*, nom de la seule rue, ancien grand chemin, laquelle, avec la route nationale actuelle et la place de *la Fontaine* ou de la Bascule, constitue le faubourg.

Ce faubourg, en l'étendant sur un périmètre de 40 à 50 hectares, dans un espace compris entre la *porte Barechaude* et la *place de la Fontaine*, au nord, l'ancien chemin d'Espartignac, à l'est et l'ancien chemin de Vigeois, à l'ouest, renferme des aspects et des accidents de terrain, à l'appui de l'assimilation des sites d'Uxellodunum et d'Userche. Sans répéter ici ce que j'ai dit ailleurs de la castramétation romaine (2), je vais indiquer sommairement les endroits précis qui me semblent correspondre et s'adapter aux lieux décrits dans les *Commentaires*.

Ces lieux se nomment aujourd'hui : *las charadas de Chammart*, le champ *des Auriaux* et autres désignés ci-après dans la nomenclature alphabétique. L'ancienne grand' route de Paris à Toulouse, prolongement de la *rue du Lion-d Or*, passe au travers de ces excavations et de ces terrains, où je m'imagine reconnaitre le lieu sur lequel la tente personnelle de César fut dressée pendant le siége. De ce prétoire, *prætorium*, le général pouvait suivre de l'œil les péripéties de la bataille engagée auprès de la fontaine ; et, du haut de ce *tribunal, élevé de 15 ou 20 mètres au-dessus des excavations contiguës*, le proconsul pouvait faire couper les mains à tous les défenseurs de la place (3).

Enfin, une grande pierre ronde, taillé en forme de meule à broyer. les grains et qui doit être encore enfouie en ces lieux, ne peut, ce me semble, avoir été transportée là qu'en temps de guerre.

---

(1) *Etudes historiques et critiques sur le Bas-Limousin* Voir ci-dessus, p. 337.

(2) Journal le *Corrézien* du samedi 2 février 1867, n° 15.

(3) Res enim agebatur et excelso loco et in conspectu exercitûs nostri. — Cæsar cum complures suos vulnerari videret. — Omnibus qui arma tulerunt, manus præcidit.

Com. VIII, 42, 43, 44.

IV.

LES PAROISSES.

En 1790, le territoire de la ville d'Userche, des deux faubourgs et de la banlieue était divisé en trois paroisses :

Saint-Nicolas,

Notre-Dame,

Sainte-Eulalie.

Le lecteur connaît le sort des églises de ces paroisses. L'une est remplacée par l'hôtel de ville, l'autre, démolie en partie, est une propriété particulière : ces deux édifices étaient situés dans l'intérieur des remparts de la ville. La troisième église, encore aujourd'hui paroissiale, a donné son nom au faubourg septentrional.

La première de ces paroisses était celle de Saint-Nicolas. Le plus ancien acte que je trouve sur ses registres est un acte de baptème en date du 10 jung 1579. — Le plus ancien registre sur papier timbré commence au 15 janvier 1688. — *Petit papier.* — *Un sol la feuille.*

Le plus ancien des registres de la paroisse Notre-Dame commence au 7 mars 1660. — Le plus ancien papier timbré, *petit papier.* — 3 d. *le feuillet*, est employé pour un baptème en date du 6 avril 1682.

Le plus ancien acte inscrit sur les registres de *l'église Sainte-Eulalie les Userche*, date du 25 juillet 1614. — L'usage du papier timbré commence par un acte de baptème du 10 décembre 1694.

Après le rétablissement du culte catholique conformément à la convention signée à Paris entre le gouvernement français et le Saint-Siége le 15 juillet 1801 (26 messidor an IX), la nouvelle paroisse d'Userche comprit dans sa circonscription les trois anciennes paroisses de Saint-Nicolas, Notre-Dame et Sainte-Eulalie (1).

---

(1) Ordonnance de Monseigneur l'évêque de Limoges, Marie-Jean-Philippe du Bourg pour la circonscription des paroisses et succursales et pour la nomination des curés et des desservants de la partie de son diocèse comprise dans le département de la Corrèze.

. . . .

Circonscription des cures et des succursales, tant de la ville de Tulle que dudit département, par arrondissement de justice de paix.

. . . .

Donné à Limoges, le 13 messidor an XI (2 juillet 1803).

Limoges, L. Barbou, p. 9.

L'ancienne église du monastère et de l'abbaye royale devint église paroissiale sous le patronage de saint Pierre. Le premier curé fut M. l'abbé François-Amable Goumot, à qui la ville d'Userche et plusieurs autres lieux du département de la Corrèze et des départements limitrophes doivent un précieux souvenir de respect et de reconnaissance.

Depuis environ 46 ans, la circonscription de la paroisse Saint-Pierre d'Userche a été modifiée par la création ou le rétablissement de la succursale ou paroisse Sainte-Eulalie. Une partie du faubourg, les villages de Labesse, Labessoule, Laborde et quelques autres lieux ont été distraits de la circonscription établie en 1803 et attribués à la nouvelle paroisse. Cet ordre de choses résulte d'actes en date.

V.

LA COMMUNE (1).

Trois ou quatre ans avant le partage de la paroisse Saint-Pierre d'Userche et par ordonnance du roi Charles X en date du 22 février 1826, les communes d'Userche et de Sainte-Eulalie furent réunies en une seule, dont l'administration siège dans la ville d'Userche ; en sorte qu'aujourd'hui les limites de la commune d'Userche sont :

Au nord-est, les communes de Saint-Ybard, Condat et Eyburie;

Au sud-ouest, les communes d'Espartignac, de Vigeois (2) et de Saint-Ybard.

La distance de la commune d'Userche au chef-lieu du département et de l'arrondissement est de 35 kilomètres (3).

D'après l'*Annuaire* de la Corrèze, la population de cette commune, en 1866, était de 3,221 individus, dont 2,284 agglomérés dans la ville d'Userche. — Aux termes du dénombrement arrêté le 27 juin 1872, ce chiffre se trouvait réduit à 3,022 habitants, répartis entre 499 maisons et 701 ménages.

L'atlas cadastral parcellaire terminé sur le terrain le 4 décembre 1812, par M. Barrière, géomètre de première classe, divisa le territoire, tel qu'il était alors, de la commune d'Userche, ainsi qu'il suit :

---

(1) Voir ci-dessus, p. 114, 285 et 286.
(2) Chef-lieu de canton, arrondissement de Brive.
(3) Voir ci-dessus, p. 203, note 1.

	Hectares.	Ares.	Centiares.
Églises et cimetières, places et chemins publics, rivières et ruisseaux..............	64	44	78
Superficie bâtie........	10	02	40
Jardins...........................	9	36	30
Terres............................	396	59	45
Prés.............................	270	20	55
Pâtures..........................	107	82	40
Châtaigneraies....................	239	05	90
Bois taillis et futaies..............	31	73	10
Bruyères.........................	161	85	55
Réservoirs et pêcheries............	»	33	60
TOTAL..............	1291	43	83 (1)

Pour la commune de Sainte-Eulalie, sa superficie était telle :

	Hectares.	Ares.	Centiares.
Églises et cimetières, places et chemins publics, rivières et ruisseaux.............	27	33	22
Superficie bâtie.....................	3	66	85
Jardins...........................	2	26	70
Terres............................	382	99	35
Prés.............................	211	02	90
Pâtures..........................	80	68	50
Châtaigneraies....................	179	15	50
Bois taillis et futaies..............	28	72	43
Bruyères.........................	177	31	10
Réservoirs et pêcheries............	»	02	40
TOTAL..............	1093	18	97 (2)
Lequel ajouté à l'étendue attribuée ci-dessus à la commune d'Userche, soit............	1291	43	83
fait un total général de................	2384	62	80

égal, à 20 centiares près, au chiffre de 2,384 hectares 63 ares inscrit dans les *Annuaires.*

---

(1) Matrice des propriétés foncières de la commune d'Uzerche *sic.*
Vu et arrêté par le préfet, le 12 août 1822.

(2) Matrice des propriétés foncières de la commune de Sainte-Eulalie, vue et arrêtée par le préfet, le 13 mai 1822.

En sorte que le territoire de la commune d'Userche contient aujour-d'hui, savoir :

	Hectares.	Ares.	Centiares.
Églises et cimetières, places et chemins publics, rivières et ruisseaux......................	91	78	»
Superficie bâtie...........................	13	69	25
Jardins...................................	11	63	»
Terres....................................	779	58	80
Prés.....................................	481	23	25
Pâtures..................................	188	50	90
Châtaigneraies...........................	418	21	40
Bois taillis et futaies....................	60	45	55
Bruyères.................................	339	16	65
Réservoirs et pêcheries..................	»	36	»
Total......................	2384	62	80

Et cette superficie se répartit entre les autres lieux dont les noms suivent, savoir :

A

1. Amont (d') ou *du Receveur* ou *de Rougier*, moulin sur la Vezère, construit vers 1531 et reconstruit récemment.

2. Anglard, village.

3. Anglard, ruisseau, dit aussi *de Lanard*, qui part du lieu dit *Lagane Lachaud* et du pont de *Ceyrat*, commune d'Espartignac, voir ci-dessus p. 333 [8].

4. Anglard, moulin sur le ruisseau de ce nom.

   Auchamp, voyez *Lechamp*.

5. Auriaux, champ des —,
   Monticule nᵒˢ 597, 598 et autres, section B du plan cadastral, sur une étendue de plusieurs hectares, aux lieux dits : *la Pomme, la Croix-de-Basty, les Escures, les Vignes, Belle-vue*.

Excavations profondes nommées *las Chavadas de Cham-mart* (1) *(Cavamina Martis ?)*. Travaux considérables de déblais, de remblais, de nivellements, dont j'explique, sauf meilleur avis, l'origine et la destination par l'arrivée et le séjour en ces lieux de C. Fabius, de Jules César en personne et de Q. Calénus (2).

A peu de distance sud-est de ce monticule, existe une châtaigneraie que le très honorable baron Martial-Gabriel de Clédat, de bonne mémoire, appelait *le camp de César*.

B

Barbazanville, voyez *Laforge*.

6. Baspeyras, hameau.

Belette, voyez *Labelette*.

7. Bellevue ou *Lort Groslier*, maison.

Besse, voyez *Labesse*; Bessines, voyez *Lesbessines*; Bessoule, voyez *Labessoule*.

Bordas, voyez *Lasbordas*; Borde, voyez *Laborde*; Borie, voyez *Laborie*.

8. Bourzaguet, hameau.

9. Bourzat, village.

Bouzou, voyez *Puybouzou*; Buges, voyez *Lesbuges*.

9bis. Bradascou, ruisseau, affluent de la Vezère, voyez p. 293 et 304.

---

(1) Voir ci-dessus, p. 351.

(2) Venit eodem cum suis copiis, postero die C. Fabius, partemque oppidi sumit ad obsidendum.
C. L VIII, 37.

Cæsar... Q. Calenum legatum cum legionibus II reliquit, qui justis itineribus se subsequeretur.
Ibid., 39.

Cùm contra expectationem omnium, Cæsar ... Venisset, oppidumque operibus clausum animadverteret...
Ibid, 40.

C

10. Chambourg, village.

11. Chammart (campus Martis ?), village.

Champ, voyez *Lechamp*.

12. Charmant ou Siarmant, moulin sur le ruisseau du *Bradascou*.

13. Châtelot, *castellum*, hameau.

C'est en cet endroit et jusques à l'église *Sainte-Eulalie*, sur une étendue de plusieurs hectares, section A, numéros 49 et autres du plan cadastral, qu'il me semble reconnaître dans les chemins publics et même *dans l'intérieur d'un champ* les traces de l'un des trois camps de C. Caninius (1).

Voyez ci-dessus : *Auriaux*, et ci-après : *Fargeas, Puygrolier*.

E

Escure, voyez *Lesescures*.

13bis. Espartignac, ruisseau et pont, voyez ci-dessus p. 333.

F

14. Fargeas, hameau.

En ce lieu, nᵒˢ 1 à 23 du plan cadastral, section C, sur une étendue de plusieurs hectares, le très honorable docteur Etienne Gautier d'Userche, de bonne mémoire, voulait bien me faire observer les traces très apparentes de nombreux et très anciens travaux faits, disait-il, en temps de guerre.

Ne serait-ce pas là qu'il faudrait chercher l'un des trois camps et le prétoire de C. Caninus ?

Voyez ci-dessus : *Châtelot*, et ci-après : *Puygrolier*.

15. Foucou, hameau.

---

(1) Quò cum... C. Caninius venisset.... Tripartitò cohortibus divisis, trina excelsissimo loco castra fecit ; à quibus paulatim, quantum copia patiebantur, vallum in oppidi circuitum ducere instituit.

C. L. VIII, 33.

G

16. Gane Lachaud, hameau:
   Got, voyez *Legot;* Goumandie, voyez *Lagoumendie.*

L.

16 bis. Labelette, village.

17. Labesse haute, village.

18. Labesse basse, hameau.

19. Labessoule, village.

20. Laborde, village.

21. Laborde, moulin sur le ruisseau du *Bradascou.*

22. Laborie blanche ou Breton, hameau.

23. Laborie, noire, hameau.

24. Labrune, ruisseau qui part de l'étang du Claux, commune de Saint-Ybard, affluent du *Bradascou,* près et en aval du *pont des Malades.*

25. Labrune, pont sur ce ruisseau.

26. Lacroix de Basty, maisonnette sur le bord de l'ancienne grand' route de Toulouse.

27. Laforge, ou *Barbazanville,* aujourd'hui manufacture de papier de paille, voyez ci-dessus p. 307.

28. Lagoumendie, hameau.

29. Lamaze, village.
   Lanard, voyez Anglard.

30. Lapeyre, hameau.

31. Lapeytourie, pont sur le ruisseau du Bradascou, mitoyen avec la commune de Condat, voyez ci-dessus p. 308.

31 bis. Lapeytourie, moulin en amont du pont.

31 ter. Lapierre, pré, vieilles masures.

32. Larenoufie, hameau.

33. Larue, hameau.

34. Lasbordas, hameau.

35. Lechamp, village.

Lechâtelot, voyez *Châtelot.*

36. Legot, hameau.

37. Lesbessines, village. Voyez ci-après *Masmartin.*

38. Lesbuges, hameau.

39. Lesescures, chaumières.

40. Leslaux, ancienne écluse et ancien moulin à blé sur la Vezère, démolis en exécution d'un arrêt du parlement de Bordeaux en date du 9 janvier 1826.

41. Lesmazeaux, hameau.

42. Lesvignes, maison.

D'après la tradition, un atelier de fausse monnaie existait en cet endroit vers l'an 1313, sous le règne de Philippe IV, dit *le Bel.* — En 1869, on a trouvé des tuyaux de fontaine en plomb, à plus d'un mètre de profondeur, en fouillant dans les héritages voisins.

M

43. Malades, ponts sur le ruisseau du *Bradascou* et sur le ruisseau *Labrune.*

44. Masmartin, village dont font partie quelques ilôts dans la Vezère. Voyez ci-dessus *Lesbessines.*

45. Maubec, château moderne. *Mas Belli,* mas de la guerre, près du village et du lieu dit las Chavadas de *Chammart.* Voyez ci-dessus, p. 205 et chiffres 5. 11.

45 bis. Mazeyrat, hameau.

46. Moussour, village:

47. Moussour, petit ruisseau affluent de la Vezère.

P

Peyre, voyez *Lapeyre:*

48. Pleux, village.

48 bis. Pont, du — moulin, voyez *Sauvageat.*

49. Puybouzou, hameau, puy de *Bozon*. Voyez ci-dessus p. 27.

50. Puygrolier, château dont Mme de Genlis parle dans les *Veillées du Château.* — Près et au nord de ce lieu, le n° 62, section C du plan cadastral, contenant 11 hectares 89 ares 50 centiares, me semble être le terrain qu'occupa l'un des trois camps de C. Caninius. Voyez *Châtelot* et *Fargeas.*

R

Renoufie, voyez *Larenoufie.*

51. Rieupeyroux ou Rupeyroux, village.

S

52. Sainte-Geneviève, manufacture de papier de paille, récemment construite sur la rivière de Vezère au lieu dit *Lasmalarias.*

53. Sauvageat, ancien moulin, actuéllement nommé *du Pont.*

Siarmant, voyez *Charmant.*

54. Soulingeas, village.

V

55. Vezère, rivière qui descend de Treignac, de Bugeat et prend sa source dans les montagnes.

Vignes, voyez *Lesvignes.*

Deux routes nationales, celle de Paris à Toulouse et celle de Limoges à Rodez;

Une route départementale, celle d'Angoulême;

Passent sur le territoire de la commune d'Userche:

Les chemins vicinaux sont :

Celui de grande communication de Terrasson à Eymoutier;

Ceux d'intérêt commun d'Userche à Surdoux, et d'Userche à Egleton.

Ceux de petite communication d'Userche à Saint-Ybard, d'Userche au gué Lanard et de Sainte-Eulalie au pont de Lapeytourie.

HISTOIRE

De la Ville et du Canton

D'USERCHE

SUIVIE

DE DOCUMENTS, EN PARTIE INÉDITS, TOUCHANT LE DÉPARTEMENT

DE LA CORRÈZE

PAR M. COMBET

Avocat, Membre de Sociétés savantes, Correspondant du Ministère pour les travaux
historiques, et Officier de l'Instruction publique

QUATRIÈME PARTIE

TOPOGRAPHIE DU CANTON

Recherches et Notes pour la rédaction d'un Dictionnaire
géographique et d'un Répertoire archéologique du Département
de la Corrèze

Seniorum narratio te non prætereat : ipsi
enim didicerunt a patribus suis.

Liber Eccles. C. VIII, v. 2.

Que les forts embrassent de leur pensée puissante toutes les nations, tous les temps, tous les
lieux, j'applaudis à ces grands et nobles travaux ;
mais il doit être permis, à celui qui ne peut rien
de plus, de recueillir des souvenirs moins loin-
tains et moins vastes, de s'attacher à l'humble
contrée qui le reçut à la vie... et qui l'a nourri.

Mémoires lus à la Sorbonne
en 1863. — Histoire, p. 223.

Éditeurs Mme Ve Bouillaguet et M. Leymarié, libraires à Tulle

TULLE

IMPRIMERIE CRAUFFON ADMINISTRATIVE ET COMMERCIALE

1877

§ VI.

Saint-Ybard.

Saint-Ybard, sceau de la mairie, — Atlas topographique, agricole et géographique du département de la Corrèze, publié par le Conseil général... Paris, 1873-1875; — *Saint-Ybar, Saint-Ybars, Saint-Ybart* documents divers.

Les limites de cette commune sont :

A l'est, les communes d'Userche et de Condat;

Au nord, celle de Salon;

A l'ouest, celles de Benayes, Saint-Pardoux-Corbier, Saint-Martin-Sépers, *de septem piris,* des sept poiriers, en patois *Saint-Marty dans sept pers.* (Ces trois dernières communes sont du canton de Lubersac, arrondissement de Brive.);

Au sud-est, la commune de Vigeois, chef-lieu de canton, arrondissement de Brive, et la commune d'Userche.

Sa distance :

Au chef-lieu du canton, est de huit kilomètres;

Au chef-lieu de l'arrondissement et du département, de quarante-trois kilomètres (1).

En 1781, la population de la paroisse était de 1,117 habitants, et de 1,299 en 1787.

D'après le recensement de 1866, les habitants de la commune sont au nombre de 1514, dont 90 dans le bourg ou chef-lieu, qui se compose de 18 maisons. Au sommet de l'une d'elles, on remarque actuellement (1872) une horloge construite, dit-on, vers les premiers temps de l'horlogerie. On dit aussi que ce bourg est élevé de 407 mètres au-dessus du niveau de la mer sous le méridien de Brive. — A l'extrémité nord-est du bourg, oratoire dédié à saint Marc.

---

(1) Voyez ci-dessus, p. 293, note 1.

ANTIQUITÉS.

Voyez ci-après : *Bouchiat, Lapouyade, Leclaux-Fage, Lecloup, Saint-Roch, Saint-Ybard.*

RIVIÈRES ET RUISSEAUX.

Voyez *Bradascou, Breuil, Chastre, Labrune, Lapouyade, Lepuyla-vergne, Loire, Masgautier, Saint-Ybard, Vezère.*

GRANDES ROUTES ET CHEMINS VICINAUX.

Route nationale de Paris à Toulouse, vers l'extrémité nord-est de la commune.

Route départementale de Tulle à Angoulême, qui traverse la partie septentrionale de la commune, dans la direction de l'est à l'ouest et qui se réunit à la route de Paris, près et au-dessous de l'étang du Claux.

Chemins vicinaux du bourg à la ville d'Uzerche, à Salon, à Lubersac et à Objat.

L'église est dédiée sous l'invocation de saint Eparque, *sanctus Eparchius* (ou *Duparchius, Clemens de Bordáriis loci et burgi sancti Duparchii, Notarius authoritate regia publicus.* Contrat en date du 11 juin 1470. — Ou *Euparchius, prepositus sancti Euparchii.* Contrat en date du 17 février 1514.); vulgairement appelé saint Ybars ou saint Cybars, prêtre et reclus près d'Angoulême, mort le 1er juillet 581, ayant passé quarante ans environ dans sa cellule.

Cependant, la fête patronale est célébrée le 16 août, jour de saint Roch, *Rochus*, confesseur, originaire de Montpellier, où l'on dit qu'il mourut en 1327. — *In Galliâ Narbonensi, apud montem Pessulanum, depositio beati Rochi, confessoris, qui multas Italiæ urbes a morbo epidemiæ signo crucis liberavit : cujus corpus Venetias postea translatum et in ecclesiâ ejus nomine consecratâ honorificentissimè conditum fuit.* — Quelques auteurs reculent sa mort jusqu'à la fin du xive siècle. — On invoque son intercession contre la peste et les épizooties (1).

-----

(1) *Martyrologium romanum*, 1772, p. 224, Julius, 1. p. 287. augustus, 16. — *Vies des Pères, Martyrs et autres principaux Saints*, par M. l'abbé Godescard, t. IV, p. 571, 1er juillet. T. VI, p. 36, 16 août.

Outre le maître-autel, cette église contient deux autres autels, dans deux chapelles latérales, dédiées l'une à la sainte Vierge, l'autre à saint Joseph : elle est éclairée par cinq fenêtres. Le clocher s'élève sur le portail. — Ce portail, formé de plusieurs colonnettes s'enfonçant dans la muraille qni soutient le clocher et se terminant en arc aigu ; ce clocher et ces fenêtres semblent devoir faire fixer au XIIe ou au XIIIe siècle la date de la construction de l'édifice.

Les 9 août 1711 et 10 juin ou juillet 1719, M. Gautier, curé de *Saint-Ybars*, déclare avoir reçu de *Pey de Bouchat vint livres, pour payer les ouvriers qui ont fait la voûte de l'église et neuf livres et demy pour les lambris.*

En 1779, achat d'une statue de l'enfant Jésus, qui fut exposée le 25 décembre. — En 1782, réparation des lambris. — En 1783, bénédiction de deux cloches. — En 1787, peinture du maître-autel et des balustrades.

Le plus ancien registre des baptêmes, mariages et sépultures date de 1693.

Les différentes parties de la superficie de cette commune sont :

	Hectares.	Ares.	Centiares.
Église, chapelles, cimetière, routes, chemins, places publiques, ruisseaux, superficie bâtie.	12	51	45
Terres	880	03	80
Jardins	9	13	40
Prés	572	84	50
Pâtures	323	20	40
Étangs et réservoirs	3	53	20
Bois taillis et futaies	54	91	05
Châtaigneraies	788	86	75
Bruyères	290	66	75
TOTAL	2935	71	30

D'après quelques *Annuaires de la Corrèze*, cette superficie serait de 3,004 hectares 62 ares.

Ce territoire forme un grand cône dont le sommet se trouve au nord-est. On n'y voit pas de marais. L'élévation et la configuration du sol le mettent, en général, à l'abri des gelées du printemps, si redoutables dans quelques-uns des environs.

Les productions, les cultures, les animaux domestiques et sauvages, les oiseaux, volailles et volatiles, les abeilles, les poissons, les arbres fruitiers et autres grands végétaux, les plantes, y sont à-peu-près des mêmes espèces que dans la commune de Meillars, à l'exception des châtaignes, plus abondantes et de meilleure qualité.

Les noms de lieu sont :

A

Alouette, voyez *Lepuylalouette.*

B

1. Baby, *village* (1), 9 maisons, 56 habitants.

2. Bialet, cascade au ruisseau de Saint-Ybard.

3. Boismarchand, hameau, 2 maisons.

4. Bouchiat, village, 9 maisons, 61 habitants.

   Ilots dans la rivière de Vezère, à l'embouchure du ruisseau de Saint-Ybard. — Ancien haut-fourneau. — Ancienne forge, dite *batterie* dans des documents anciens. — Ancien moulin, détruit, ainsi que la forge, vers l'an 1620, par une inondation. — Restes et traces d'une chaussée sur la rive droite de la Vezère. — Ruines d'une ancienne chapelle, non loin de la cascade de Bialet (2).

   Boucnou, moulin, voyez ci-après *Ducay.*

5. Brachet, moulin, sur le ruisseau Puylavergne.

6. Bradascou, ruisseau qui sépare la commune de Saint-Ybard de la commune d'Userche et s'embouche dans la rivière de Vezère, au-dessous du village de Lavalette (3).

7. Breuil, ruisseau, vers la commune de Vigeois.

8. Buge chavade, maison isolée.

---

(1) Voir ci-dessus, p. 304, note 3.

(2) Voir ci-dessus, p. 359, *Masmartin.*

(3) Voir ci-dessus, p. 293, 3. *Meillars.*

C

Cay, voyez *Ducay* et *Lecay*. — Chassin, voyez *Lechassain*.

9. Chastre, ruisseau qui sépare la commune de Saint-Ybard de celle susdite de Saint-Martin-Sépers.

Châtaigner, voyez *Lechâtaigner*.

10. Chauffour, hameau.

Claux, voyez *Leclaux*; Cloux, voyez *Lecloux*.

11. Cacau ou Cacan, moulin.

D

12. Ducay, moulin sur le ruisseau de Saint-Ybard, voyez *Lecay*.

G

Goumareix, voyez *Legoumareix*.

13. Gratelaube, hameau.

L

14. Labrugère, village.

15. Labrune, ruisseau, qui commence à l'étang du Claux, passe au-dessous du hameau de Meyrignac, sépare la commune de Saint-Ybard de la commune d'Userche, où il afflue dans le *Bradascou*, près et au-dessous du *pont des malades*.

16. Lachèze, village.

17. Lacroix, hameau.

18. Lafaye, hameau.

19. Lagendrie, village.

20. Lagrange du Puy, maison isolée près et au nord du bourg.

21. Lagrilière, village.

22. Lajustice, hameau.

23. Laleu, village. — Lalouette, voyez *Lepuylalouette*.

24. Lamaisonneuve, habitation isolée.

25. Lamaurie, hameau.

26. Lapouyade, village, 7 maisons. — Près de ce lieu, restes et traces d'une très ancienne route dite *Lapouyge*.

27. Lapouyade, ruisseau, affluent de la *Vezère*.

28. Laprade, hameau.

29. Larade, village, 15 maisons, 62 habitants. — Des environs de ce village partent plusieurs cours d'eau.

30. Larafardie, maison isolée.

31. Larivière, hameau.

32. Laroche, hameau.

33. Lasbourdarias, maison-isolée.

34. Lasgardias, maison isolée.

35. Lavalette, village,

36. Lavalette, moulin. — Lavergne, voyez *Lepuylavergne*.

37. Lavernouille, village.

38. Lecay, village.

39. Lechassain ou chassin, hameau.

40. Lechâtaigner, hameau.

41. Le Château-Gaillard, maison isolée.

42. Le Claud ou Leclaux, *clausus*, village, 7 maisons.

43. Leclaux, moulins au-dessous de l'étang ci-après; maisons sur les bords de la route nationale de Paris à Toulouse et de la route départementale de Tulle à Angoulême.

44. Leclaux, étang, où commence le ruisseau *Labrune*. Point de jonction de la route nationale de Paris et de la route département tale d'Angoulême.

45. Leclaux-Fage, village. — Ruines d'une ancienne chapelle dédiée à saint Jean, incendiée en 1620. — Restes de vieilles murailles.

46. Lecloup ou Lecloux, village, 8 maisons. — On y voyait jadis une espèce d'oratoire, dont le bénitier fut découvert en remuant des terres. — On dit aussi que dans des sépulcres voisins on a trouvé de vieilles armes et de vieux vases en terre.

47. Legoumareix, hameau. — Lemasgautier, voyez *Masgautier*.

48. Lemons, hameau.

49. Lepont, hameau.

50. Lepuyaumont, village.

51. Lepuyaumont, moulin sur le ruisseau de Saint-Ybard.

52. Lepuylalouette, hameau.

53. Lepuylavergne, hameau.

54. Lepuylavergne, maison isolée.

55. Lepuylavergne, ruisseau qui sépare la commune de Saint-Ybard de la commune de Salon.

56. Lepuyvalence, maison isolée.

57. Levert, maison isolée.

58. Leyrat, hameau.

59. Loire (Petite-), ruisseau qui sépare la commune de Saint-Ybard de la commune de Saint-Martin-Sépers.

M

60. Maligne, village.

61. Masgautier, maison isolée.

62. Masgautier, ruisseau vers la commune d'Userche.

63. Maurier, moulin.

64. Meyrignac, hameau.

65. Monsieur ou Moussur, moulin, voyez *Ducay*.

66. Montfumat, village, 16 maisons, 72 habitants.

O

67. Oratoire dédié à saint Marc, à l'extrémité nord-est du bourg.

P

68. Pingrieux, village, 15 maisons, 70 habitants.

Puyaumond, voyez *Lepuyaumont*; Puylalouette, voyez *Lepuyla-louette*; Puylavergne, voyez *Lepuylavergne*.

R

Rade, voyez *Larade*.

69. Rousselet, hameau.

70. Royère, village.

S

71. Sadarnac, ou Sadarnat, hameau.

72. Saint-Roch, chapelle, à 800 mètres environ de distance nord-est du bourg. — Pavée en 1776; peinte en 1787, année où la statue de saint Roch fut achetée moyennant le prix de 37 livres 16 sols.

73. Saint-Roch, maison isolée.

74. Saint-Ybard, chef-lieu de la commune, bourg. — Près de la place publique et de l'église, dans un jardin déblayé pour la reconstruction de sa maison en 1871, M. le Maire Brugère découvrit, au fond d'une excavation ou d'une fosse, longue de 1^m à 1^m,30, large d'environ 0^m,30, et profonde de 0^m,70, un vase en terre confectionné grossièrement, rempli de cendres et d'ossements carbonisés. Ce vase était placée sur une pierre plate couverte d'autres pierres disposées en voûte au-dessus du vase. — Une partie de ces objets fut envoyée au musée de Limoges. — C'était probablement une sépulture par incinération, le plus ancien mode d'inhumation romaine, en usage dans les Gaules, selon l'opinion de M. l'abbé Cochet (1).

75. Saint-Ybard, restes d'un ancien château près du bourg et d'un étang. — Le 5 janvier 1753, le marquis de Saint-*Ybart* était Louis-Michel-Réné de Pérusse *Descars*. — Vers 1026, Gérard de Pérusse Descars fut témoin d'une donation faite à l'abbaye d'Userche (2). — La puissante famille *de Carrio* ou *Descars*, *castrum de quadris*, disputait à celles de Pierrebuffière et de

---

(1) Répertoire archéologique de la Seine-Inférieure, col. 361. — Paris, imp. nat. 1871-72.
(2) Voir ci-dessus, p. 57.

Lastours le titre de *premiers barons du Limousin*. — Le château Descars, démantelé, dit-on, bien avant 1789 et dont on voit encore les ruines imposantes, était situé dans la commune Descars, canton de Châlus, arrondissement de Saint-Yrieix (Haute-Vienne).

Un ancien proverbe du pays disait :

> Bonneval, noblesse.
> Descars, richesse.
> Pompadour, pompe.
> Ventadour, vente.
> Turenne, règne.

76. Saint-Ybard, ruisseau, qui commence près du hameau de la La-justice et finit dans la Vezère.

77. Sermadiras, village, 8 maisons.

V

Valence, voyez *Lepuyvalence*. — Vert, voyez *Levert*.

78. Vezère, rivière, qui sépare la commune de Saint-Ybard de la commune d'Userche, voyez *Bouchial*.

§ VII.

Salon.

Salon, sceau de la commune. — *De Salonio, de Salomnio*, actes de notaires du 14 avril 1462 et du 8 octobre 1580. — *Sallon*, Arpentement clos le 13 janvier 1747 par un arpenteur royal héréditaire. — *Salons*, Atlas du département. — *Salix, Salices*, lieu planté de Saules ?

Les limites de cette commune sont :

Au nord-est, les communes de Masseré et de Lamongerie; à l'est, au sud et à l'ouest, celle de Condat, celle de Saint-Ybard; et celle de Benayes, canton de Lubersac, arrondissement de Brive.

Sa distance au chef-lieu du canton est de 11 kilomètres et au chef-lieu de l'arrondissement et du département de 46 kilomètres. (1)

Le tableau de la population arrêté par le maire de Salon le 3 juillet 1872, porte le nombre des habitants de cette commune à 1709, dont 251 agglomérés dans le bourg, y compris la maison appelée *le Fraysseix*; et 1458 répartis entre les autres lieux énumérés ci-après.

Quelques *annuaires* de la Corrèze attribuent à cette commune une superficie de 4,301 hectares 06 ares, quoique la matrice cadastrale soit arrêtée en chiffre de 4,301 hectares 84 centiares, divisés de la manière suivante, savoir :

	Hectares.	Ares.	Centiares.
Terres labourables	1102	15	15
Jardins	12	31	98
Prés	658	66	»
Pâtures	360	57	»
Châtaigneraies	778	14	20
Bois taillis et futaies	403	49	66
Bruyères	827	44	45
Réservoirs	»	36	42
Superficie bâtie	16	33	10
Etangs	33	74	80
Pépinières et vergers	3	81	25
	4197	04	01

(1) Voyez ci-dessus, p. 293, note 1.

	Hectares.	Ares.	Centiares.
Report....	4197	04	01

Non imposables, 103 h. 96 a. 83 c. en :

	Hectares.	Ares.	Centiares.
Cimetière....................................	»	54	10
Chemins....................................	97	48	85
Ruisseaux	6	83	88
TOTAL....................	4301	00	84 (1)

En 1036, l'église et le village de *Lafaye* étaient compris dans la forêt de *Salon* (2). Voyez *Lamongerie*.

D'après Bonaventure de Saint-Amable Aymar II, vicomte de Limoges aurait donné l'église de *Salon* à Saint-Etienne de Limoges en 1067; mais il parait certain que moins de 30 ans après, au temps de Gérald, mort abbé d'Userche le 15 janvier 1096, l'église de Salon dépendait du monastère d'Userche (3).

« A la suite d'une *guerre terrible entre un grand nombre de seigneurs*, ils vinrent d'Arnac à Limoges, avec l'évêque Gérald, et, dans une assemblée à laquelle assistèrent Raymond de Turenne, Archambaud de Comborn, Guillaume Taillefer, fils du comte d'Angoulème, ainsi qu'*un grand nombre d'autres seigneurs*, Aymar, vicomte de Limoges, promit par serment, le 14 septembre 1173, de laisser à son oncle Bernard le château de *Salons*. — Après la Noël et pendant le carême de cette même année, les troupes d'Olivier de Lastours pillèrent le monastère d'Arnac, renversèrent de cheval et tuèrent Arnaud Bosculus de Sur, dont les compagnons emportèrent le cadavre avec les marques de la plus vive douleur, et le jetèrent plutôt qu'ils ne l'ensevelirent dans le château de *Salons*. — L'an 1182, un loup enragé fut tué près du

---

(1 Matrice cadastrale, vue et arrêté par le préfet le 7 avril 1823. — Atlas cadastral parcellaire du territoire de la commune de Salon, terminé sur le terrain le 15 février 1813, par M. Jouvenel, géomètre de 1re classe.

(2) Baluze, Hist. Tut, Ap., p. 867 : *In sylvá quæ dicitur Celom*. — Ce lieu de *Celom*, appelé aussi *Celon* ou *Selon* par Bonaventure de Saint-Amable (An. du Lim pp. 412, 432, 501, etc), et par M. Marvaud (Hist. du Bas-Lim., t. II, pp. 40, 41, 42) est évidemment le même que celui de *Salon*, objet de cette notice.

(3) Voir ci-dessus, pp. 38, 58 etc.

château de *Salons,* après avoir *blessé mortellement* un villageois, plusieurs autres personnes horriblement mordues au visage, furent guéries, en implorant Saint-Pardoux d'Arnac (1). »

L'an 1356, le château de *Salon* fut bâti par *Pierre de Crozo,* archevêque de Bourges (2).

D'après des notes manuscrites, ce prélat natif de *Calmefort ?* diocèse de Limoges, aurait été *Cellérier* de l'église de Tulle, avant d'être le 81° archevêque de Bourges et serait mort le 10 mai 1388. Le pape Innocent VI (mort le 12 septembre 1362) l'avait créé cardinal. — En 1375, le seigneur de Forsac vendit à Pierre Plaisant de Bouchiat, de Masseré, *l'hôtel de Bochiat, sis dans le bourg de Salon,* avec trois jardins, deux pêcheries et toutes les dépendances de *la terre de Bochiat,* moyennant le prix de 114 deniers d'or.

Le 14 avril 1462, sous le règne de Louis, roi des français, *Regnante serenissimo principe et domino Ludovico Francorum Rege,* Louis XI;

A la première heure de ce même jour ou environ, dans le chœur du monastère de Saint-Pierre d'Userche, *in choro monasterii beati Petri Uzerchiæ,* lieu du chapitre, au son de la cloche capitulaire,

Pardevant maître *Etienne Audouyn* et maître *Gérald Tarvelli,* notaires royaux, *magistrum Stephanum Audouyn, villæ Uzerchiæ et magistrum Geraldum Tarvelli, publicos authoritate Regiá notarios,*

En présence de noble et puissant personnage le seigneur Jean de Pierrebuffière, *de Petrabufferiá,* et d'honorable et scientifique Louis de Salaignac, *Ludovico de Salaignaco,* licencié en décrets, *licenciato in decretis,* et protonotaire apostolique, *protonotario domini nostri Papæ,* témoins connus, spécialement appelés et priés à cet effet,

---

(1) Chronique de Geoffroi, prieur de Vigeois, traduite par le professeur Bonnélye, pp. 119, 120, 155.

(2) Annales du Limousin, p. 643.

Je trouve dans l'*Histoire de l'Eglise gallicane,* continuée par le P. G.-F. Berthier :

Vers les fêtes de Noël l'an 1350, le pape Clément VI (mort le 6 décembre 1352) créa cardinal *Pierre de Cros,* limousin, son parent, qui mourut le 23 septembre 1361. — T. XII°, pp. 342 et 343.

Le 30 mai 1371, le pape Grégoire XI (mort le 27 mars 1378), créa cardinal *Jean de Cros,* son cousin au 3° degré, évêque de Limoges, qui mourut le 21 novembre 1383. — T. XIV°, p. 136.

En présence aussi de discrètes personnes maître *Bernardo Fonrio*, de la ville de Treignac, *villæ de Treigniaco*, et *Guiscardo de Nanthillio*, de la paroisse de *Veix (?)*, *parrochiæ de Vesco*, notaires royaux publics, *Notariis publicis*, témoins à ce appelés, *testibus ad hoc vocatis;*

Vénérable et religieuse personne frère Guy de Corso, *Guidone de Corso*, moine du monastère d'Userche, prieur du prieuré de Sallon, *prioratûs de Sollonio*, dépendant immédiatement de ce monastère, pour lui, pour ses successeurs à ce prieuré, d'une part;

Vénérables et chers frères en notre Seigneur Jésus-Christ, Jean Podiofa, *Joanne Podiofa*, chantre, et Pierre Fortis, *Petro Fortis*, prêtres et chanoines de l'église collégiale et séculière de Saint-Germain-près-Masseré, diocèse de Limoges, *canonicis ecclesiæ secularis et collegiatæ Sancti Germani prope Manso sereno*, pour eux en ce qui les touche, et comme procureurs ou syndics, *procuratoribus sive scindicis*, d'honorables personnes les seigneurs, doyen et chapitre de l'église de Saint-Germain, d'autre part;

En présence du vénérable frère en Jésus-Christ, le seigneur Guischard, par la grâce de Dieu, abbé du monastère d'Userche, *Reverendi in Christo Patris Dni dni Guischardi, Dei gratiâ, abbatis dicti monasterii* (1),

Des vénérables personnes et religieux frères :

Guy de Latour, *Guidonis de Turre*, infirmier,

Jean de Ruperia, *Joannis de Ruperia*, Camérier,

Léonard Guil, sacristain.

Jean de Comborn, *Joannis de Combornio*, prieur de la bienheureuse Marie de Chambreseix, *Prioris beatae Mariae de Cambresis*,

Raymond de Latour, *Reymondi de Turre*, prieur de Millevaches, *Prioris de Millevachis*,

Martin de Vars, *Martini de Varii*, prieur de Condat, *prioris de Condato*,

Et deux autres moines,

---

(1) Voyez ci-dessus, p. 118.

Désirant terminer à l'amiable le procès et la controverse, *orti lites et controversia*, qui s'étaient élevés entre le chapitre de Saint-Germain et le prieur de Salon, touchant la moitié de la dime et des fruits décimaux à percevoir dans la paroisse de Salon, sur tous les fonds et forêts, *ratione medictatis decimæ et fructuum decimalium de omnibus fundis et nemoribus..... levare..... in parrochiá de Sallomnio,*

Traitent et transigent de la manière suivante, *tractatus pacis et concordiæ, pactio, sive transactio,* savoir :

Le doyen et le chapitre de Saint-Germain percevront paisiblement selon l'usage, dans la paroisse de Salon, la dime et les fruits décimaux accoutumés, *pacifice..... percipient in dictá parrochiá de Salomnio deciman et fructus decimales consuetos,*

Cum hoc, à condition que le prieur de Salon, curé et chapelain de Salon, *prior, curatus et capellanus de Salomnio,* et ses successeurs à ce prieuré, lèveront et percevront annuellement et perpétuellement sur cette dime et sur ces fruits, au temps de leur perception, *levabit et percipiet annuatim et perpetuò,* une rente de vingt-cinq setiers de blé, savoir : seize setiers de blé seigle, quatre de froment et cinq d'avoine, bonne mesure de Salon, *vigenti quinque sextarios bladi, videlicet, sexdecim siliginis bladi, quutuor frumenti, et quinque avenæ, ad bonam mensuram de Salomnio.*

Outre cela, le prieur de Salon et ses successeurs demeureront en paix, *quietus et quieti,* relativement à cinquante sous de rente que le doyen et le chapitre de Saint-Germain prétendaient leur être dus sur le prieuré de Salon, *de prædictis quinquaginta solidis rendualibus pretentis,* sans aucune répétition de dépens, *quietæ hinc indè de omnibus expensis, per ipsas partes occasione dictæ litis factis.*

Cette transaction ayant été proposée et acceptée ainsi dans le monastère d'Userche, le doyen et les chanoines de Saint-Germain se rassemblèrent et se constituèrent en chapitre dans leur église collégiale et séculière, le 23 avril 1462, vers la première heure.

Etaient présents :

Honorable et savante personne et seigneur *fecundus de Petrabuferiá,* doyen, *decanus;*

Joannes de Podiofan, chantre, *cantor;*

Poncius de Salignaco, licencié en décrets, *licenciatus in decretis;*
Jonnes (sic) *de Magnaco;*
Petrus Fauter ou *Fortis;*
Joannes Sodagranda et Martinus Decadus, chanoines;
Jean de Podiofa, chantre, et Pierre Fortis, prêtres et chanoines, syndics ou procureurs du chapitre et ses députés vers le monastère de Saint-Pierre d'Userche, rendent compte de leur mission; il en font connaître le résultat contenu dans la transaction datée du 14 avril précédent.

Lecture faite de l'acte public, *instrumentum publicum*, dressé par les notaires royaux pour la validité de ces conventions et après mûre délibération, *habitâ maturâ deliberatione*, le doyen et le chapitre de Saint-Germain approuvèrent et ratifièrent ce contrat qu'ils reconnurent être commode et utile, *in commodum et utilitatem*, tant au chapitre qu'à l'église de Saint-Germain.

Le notaire Gérald Tarvelli rédigea cet acte de ratification à Saint-Germain, an, mois, jour, heure, lieu et règne ci-dessus, en présence de noble et puissante personne le seigneur Jean, seigneur de Pierrebuffière, et d'honorable et scientifique personne Louis de Salaignac, licencié en décrets, protonotaire de notre seigneur le Pape, témoins connus, appelés spécialement et priés à cet effet.

Enfin, ledit maître Gérald Tarvelli, clerc, bachelier ez lois du diocèse de Limoges, notaire public par autorité royale, *clerico, in legibus baccalaureo, Lemovicencis diocesis, publico autoritate regiâ notario, qui prædictis expresse ratificavit*, qui vit et entendit conclure ces arrangements faits en sa présence, les rédigea selon la forme publique, écrite de main d'autrui, *in hanc publicam forman alienâ manu scriptam redegi*, signa de sa propre main en cet endroit, et, pour les publier en toute connaissance, comme témoignage de vérité, y apposa son seing accoutumé, *in publicando hîc manu propriâ me subscripsi..... et signum meum suctum..... apposui :* Signé : *Tarvelli* (1).

---

(1) Extrait d'une copie collationnée ou *vidimus* fait sur le *vray original*, à Bordeaux, le 9 avril 1582, au greffe de la *Cour des privilèges royaux de l'Université de Bordeaux*, signé : E. Calofier, greffier; suivant certain appointement donné en cette cour, ent-e frère *Léonard Pachin*, religieux de l'abbaye Saint-Pierre d'Uzerche en Limousin et *prieur de Salon, escolier estudiant en la dite Université*, demandeur, d'une part ; — et M° *Pierre de Lombre*, chanoine théologal et scindic des doyen, chanoynes et chapitre *Saint-Germain*, défendeur, d'autre part.

Plus de deux cent soixante-six ans après cette transaction en
chanoines de Saint-Germain et les religieux d'Userche, un ar
parlement de Bordeaux en date du 4 septembre 1727, ayant ma
le curé de Sainte-Catherine de Saint-Yrieix, dans la possessior
vicairie de Salon obtenue en *cour de Rome*, sur l'acte de nomi
et présentation fait par l'abbé d'Userche ;

*Jacques Bourges, religieux de l'abbaye Saint-Pierre d'Userci
l'ordre des exempts en France, prieur, curé primitif de Salon e
seret son annexe* (1), développa les motifs de son opposition
arrêt dans une requête adressée *a nos seigneurs du parlement.*

Voici quelques extraits de ce document (2) :

Le prieur de Salon, *curé primitif* de Salon, a le droit de pré
directement à la nomination de l'évêque de Limoges son *vica
Salon et Masseret l'annexe. A ce titre, il est tenu de payer à ses
res de Salon et Masseret l'annexe les choses requises et nécess:
un *vicaire perpétuel.* Les vicaires perpétuels de Salon perçoiv(
dimes en qualité de *fermiers* des prieurs.

L'établissement des paroisses de campagne date du IVe siècle.

Les bienfaiteurs de l'abbaye d'Userche avaient entendu que
par ses soins ferait bâtir des églises et ériger en paroisses les lie'
eux délaissés en faveur du monastère.

Dans le nombre des paroisses concédées au monastère d'U;
par les bulles des Papes, le droit de patronage n'appartenait à
que pour *Chamberet,* aussi bien que pour les *bénéfices-cures* :
Nicolas, Sainte-Eulalie, Saint-Solve et *Veix.* Les prieurs du mon
étaient en droit de nommer et de présenter à l'évêque leurs vi
perpétuels, *vicariis perpetuis,* pour les paroisses de *Salon, Saint-
Condat, Mille-Vaches, Lafaye, Aubessaigne, Belmont* et *Saint-;
dour, dont ils avaient en leurs mains le titre de curé primitif.*

A ce titre, ces prieurs avaient le droit d'exercer les fonctions ci
dans les églises paroissiales, *ratione prioratûs.* Comme les autres
primitifs, ils étaient tenus aux réparations du sanctuaire.

---

(1) *Annexe.* Eglise où l'on fait les fonctions paroissiales et qui relève ou dépen
cure.   *Dictionnaire de l'Académi*

(2) Signifié le 24 mars 1729 et contenant 44 grandes pages d'impression.

L'inscription sur la cloche d'Espartignac doit être lue de la manière suivante :

† De sancte Martiali ora pro nobis. Parain M. Joseph François Montecler seignevri abbé d'Veerche. Maraine dame Marie Thereze † Granchamps epouse de Mr Cledali Mre David ancie an Covrbeix sindic Riveve Besse adivicator.

Blanchard cvré d'Espartignac

1764.